tommy
rechten voor Dummies
Dummies
mila
milti kilti

Met een klap van de hamer

Veerle Corstens en Marjet Wullink

Idee en concept: Veerle Corstens en Marjet Wullink
Tekst: Veerle Corstens
Illustraties omslag en binnenwerk: Marjet Wullink
Omslagontwerp: Urban Emotions, Amsterdam
Vormgeving binnenwerk: Urban Emotions, Amsterdam

ISBN 978-94-6290-157-5
NUR 270

www.bju.nl

Niets is wat het lijkt

Ovidius en Boomjongen

Inhoudsopgave

rechter voor Dummies
Dummies

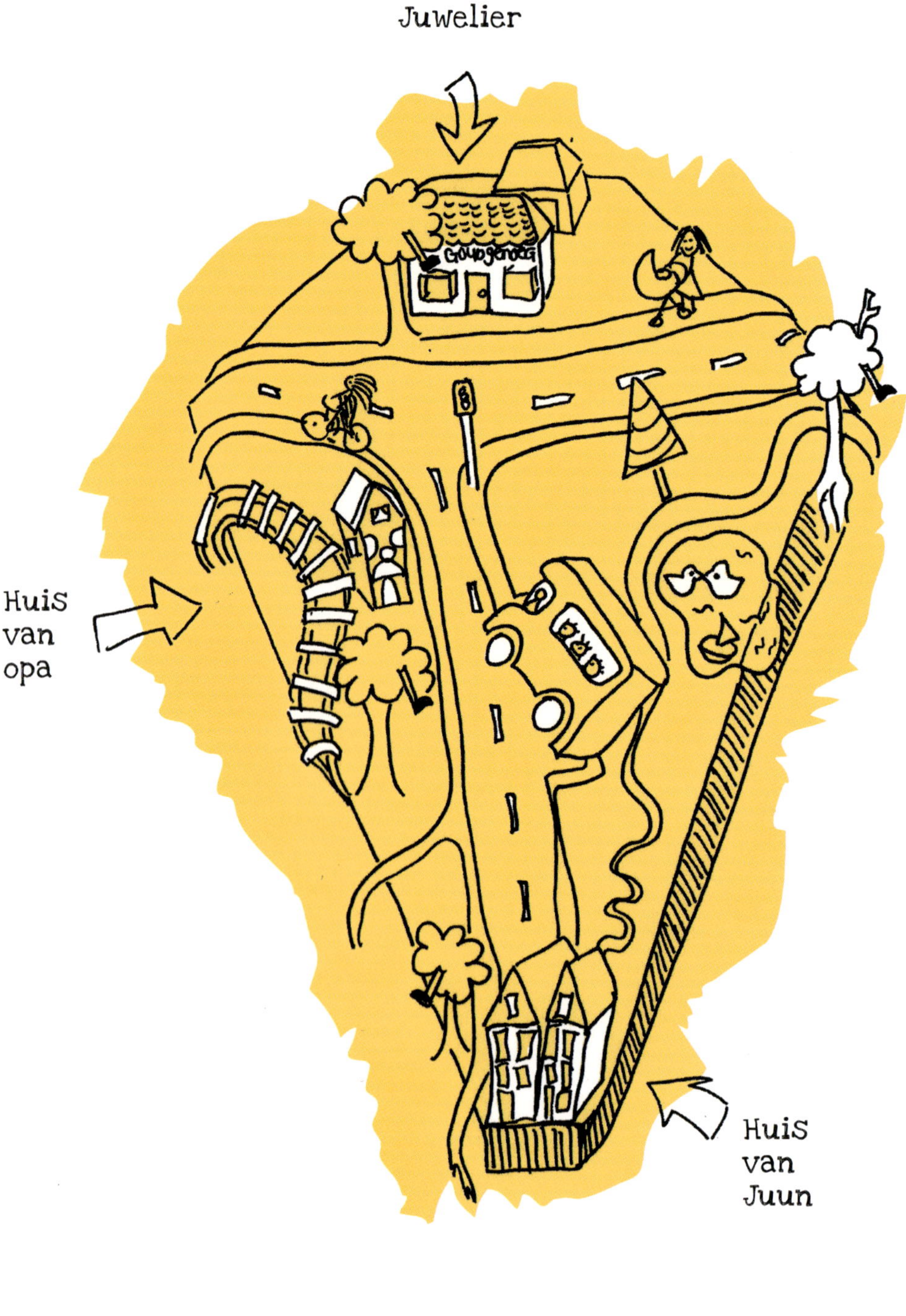
Juwelier
Goudgenoeg
Huis van opa
Huis van Juun

Voordat je gaat lezen

Dit boek laat zien hoe een strafzaak verloopt. De hond met de krullerige naam Broccoli speelt een belangrijke rol. Hoofdpersoon Juun (12 jaar) is nieuwsgierig en gaat met Broccoli af op geluid van sirenes van de politie en ambulance op de plaats van het misdrijf. Juun's vriendin en klasgenoot Mila is nauw betrokken bij het avontuur. Verder verklap ik niets. Het is een spannend verhaal. Twijfel over wie de dader is, familieverhoudingen en het ontdekken van de waarheid; het komt allemaal aan de orde.

Maar het boek is ook leerzaam. Via stukjes "harde feiten" worden enkele begrippen nog eens verduidelijkt. De vele tekeningen ondersteunen het verhaal geweldig.

Als president van de Hoge Raad heb ik ervoor gepleit dat we het verhaal van het recht moeten vertellen. Veel mensen weten er te weinig van, beseffen te weinig hoe belangrijk recht is voor de vrijheid van ons allemaal. Dat verhaal kan op allerlei manieren en voor verschillende groepen in de samenleving worden verteld. Hier wordt het voor kinderen vanaf 9 jaar op een toegankelijke manier verteld. Dat wordt gedaan door twee journalisten van wie er één al vanaf haar vroege jeugd met het verhaal van het recht werd geconfronteerd.

Geert Corstens
Oud-president van de Hoge Raad ★

Harde feiten

★ Hoogste rechtscollege van het land

Hoofdstuk 1

Overval

Harde sirenes. Juun en Mila lopen met Broccoli aan de lijn, als ze politiewagens horen. Broccoli's oren gaan recht overeind staan en ook Juun luistert goed waar het geluid vandaan komt. Ze pakt intussen haar mobiel om twitter te checken. 'Hee, dat is om de hoek. Kom Mila, ik wil erheen.' Juun rent richting het lawaai en sleept Broccoli aan de riem mee. Mila haalt haar schouders op en sjokt dan ook maar richting de rood-witte linten. Ze weet precies hoe het gaat aflopen als Juun zich weer eens ergens in stort; met een hoop gedoe. Meestal als Juun iets in haar kop heeft, houdt ze er niet over op en weet ze zichzelf uiteindelijk in de nesten te werken.

De stoep voor de deur van juwelier Goudgenoeg staat vol met een ambulance, twee politiewagens en een handjevol nieuwsgierige omstanders. Juun glipt langs twee ribbroeken en een rok met roesjes vlug naar voren, waar glas knispert onder politieschoenen. Aangekomen bij het rood-witte lint pakt Juun het opschrijfboekje dat ze altijd bij zich heeft. Ze noteert: 'sporen van een voertuig, lijkt een scooter.' Ze ziet bloedspetters op de stoep en wil graag meer onderzoeken, maar een strenge politieagent gaat wijdbeens voor haar staan. 'Waar denken wij heen te gaan, jongedame?' Juun lijkt de zware stem niet te horen en probeert om het blauwe uniform heen te kijken; ze ziet nog net hoe meneer Goudgenoeg in een ambulance wordt getild. Wat zielig, denkt Juun. Hij heeft haar nog geholpen toen ze het oude horloge van oma tijdens een verkleedpartijtje in de wc had laten vallen. Mama was erg boos op haar geweest, totdat ze zelf naar de juwelier was gegaan en hem gevraagd had haar te helpen. Hij bleek alleen een nieuw batterijtje in het horloge te hoeven doen. Dat was zo gepiept. 'Dat was natuurlijk ook weer niet nodig,' was mama's reactie.

Plotseling trekt Broccoli zo hard dat de riem uit Juuns hand glipt. De hond kruipt tussen de benen van de agent en onder het rood-witte lint door. 'Oeps.' Juun aarzelt even, maar rent dan haar hond achterna. Soms baalt ze als Broccoli weer eens precies doet wat hij zelf wil, maar dit keer komt het Juun best goed uit. Broccoli verdwijnt in het steegje achter de juwe-

lier; ze hoort hem nu blaffen in de achtertuin. De schuttingdeur die op het steegje uitkomt, geeft krakend mee als ze er zachtjes tegen aan drukt. Daar staat Broccoli al op de binnenplaats. Hij staat te blaffen tegen de deur van het schuurtje.

'Is daar iemand?'

'Nee!'

Juun schiet in de lach. Ze kijkt verbaasd op als de deur van het steegje naar de tuin krakend open gaat. Gelukkig is het Mila die in de deuropening staat. 'Sssst' gebaart Juun snel, en wijst met haar andere hand naar de schuur, waar Broccoli nog druk aan het krabben is. Juun praat verder met de mysterieuze jongen achter de dichte deur.

'Mijn hond denkt dat er wel iemand in de schuur zit.'
'Jouw hond heeft geen gelijk.'
'Waarom zit je hier?'
'Gewoon.'
'Mijn hond is niet eng hoor, Broccoli is van mijn opa en alleen een beetje nieuwsgierig.'
Langzaam gaat de deur op een kiertje. 'Zijn ze al weg?'
'Er is maar één hond hoor.'
'Nee, dat bedoel ik niet. Ik heb het over de overvallers. Die jongens met hun mutsen. In de zaak.'
'Oh, maak je geen zorgen, die zijn al lang weg, de politie staat voor de deur.'

De deur van de schuur gaat voorzichtig open en een hoofd vol verwarde krullen komt tevoorschijn. 'Hee, maar jij zit bij ons op school; een klas onder ons!' roept Mila verbaasd uit. 'Tommy heet je toch?' De jongen knikt verlegen. Even weet geen van drieën iets te zeggen.

'Wat doe jij met dat notitieboekje?' vraagt Tommy tenslotte.
'Ze denkt dat ze detective is en alle misdaden op kan lossen,' grinnikt Mila.
'Nietes, journalist!' verbetert Juun. 'Dus vertel maar eens wat er gebeurd is.'

Tommy blijft met de deur open in de schuur zitten en begint te vertellen over twee jongens die met veel lawaai de winkel binnen kwamen. 'Ik zat achter in de winkel mijn wiskundeproefwerk te leren en hoorde gescheld. Ze schreeuwden tegen mijn vader dat hij de kluis open moest maken, mij hadden ze niet gezien.' Tommy probeert uit alle macht zijn tranen weg te slikken en zijn stem begint te haperen. 'Met hamers sloegen ze de vitrines in en namen alle horloges mee. Mijn vader kreeg een klap tegen zijn hoofd en viel op de grond. Er kwam allemaal bloed uit zijn hoofd. Ik wist niet wat ik moest doen en vluchtte de keuken in. Daar hoorde ik alleen nog maar gerinkel van glas.' Tommy moet even heel diep ademhalen. 'Hhhhhoe is het nu met papa?' Zijn gezicht ziet rood van de vlekken en zijn ogen zijn als die van een verdrietige hond.

'Ik heb je vader de ambulance in zien gaan. Hij zag er behoorlijk gewond uit, maar kon wel gewoon praten met de politie.'

'Ik moet naar hem toe. En waar is mijn moeder?'

'De politie zal je wel naar het ziekenhuis willen brengen, daar is je moeder misschien ook. Maar hoe ging het nou verder?'

'Ik dacht dat mijn wiskundeboek me niet echt zou beschermen tegen hun geweld en ik ben de tuin in gerend. De schuur leek me een plek waar ze niet zouden gaan zoeken. Maar nu heb ik dus mijn vader alleen gelaten.'

Juun geeft hem een onhandig klapje op zijn schouder. 'Dat snapt je vader heus wel. En hij wordt vast snel beter.'

Harde feiten

Op twitter en op de website alarmeringen.nl kun je ***oproepen*** zien van politie, brandweer en ambulance. Zo kun je, als je een sirene hoort, te weten komen waar die naartoe op weg is.

Hoofdstuk 2

Verdacht

Juun loopt peinzend door de Rodondendronstraat naar huis. Ze steekt de hoek om en loopt via de achterdeur haar huis in. Binnen is het donker. 'Mam? Pap?' roept ze. Omdat ze niks hoort, kijkt ze zelf in de koelkast want honger heeft ze inmiddels wel. Papa heeft boodschappen gedaan voor spaghetti bolognese, lekker. Juun zoekt op haar telefoon het recept op en gaat aan de slag met de waterkoker en de potten tomatensaus. Het gehakt valt even op de grond als ze het in de pan met boter wil doen. Ook de tomatensaus komt niet helemaal in de pan terecht, maar er blijft gelukkig nog genoeg over. Als het allemaal een beetje pruttelt, gaat Juun voor de tv zitten wachten. Eerst hoort ze de hakken van mama over het blauwe zeil in de keuken klepperen. 'God Evert, wat heb je er hier een bende van gemaakt. Ik ga me direct even omkleden, dan ben ik klaar om te eten,' roept ze naar de kamer. Daarna hoort Juun de autodeur van de Saab dichtslaan en de voordeur open gaan. 'Hmm, dat ruikt lekker schat. Was je al zo vroeg thuis?' Hij komt de kamer binnen en vraagt: 'Staat je moeder nog in de keuken?' Hij kijkt op zijn telefoon en wacht niet op het antwoord:

'Oh, ik zie dat ik nog heel even een mailtje moet versturen, ik kom er aan.'

Als ze eenmaal aan tafel zitten en Juun over haar spannende middag wil beginnen, gaat de telefoon van papa. 'Moet dat nou tijdens het eten?' vraagt mama, maar hij heeft al opgenomen. 'Vertel, schat, hoe was je dag?' begint mama, totdat ook uit haar laptop een bliepje komt. Ze hoort het antwoord van Juun niet als ze achter haar scherm verstopt zit.

'Wat zei je schat? Iets over Broccoli en een schuur?'

'Niets mam, laat maar.'

De volgende dag op school loopt Juun in gedachten verzonken over de gang. Net als ze bij de kluisjes aangekomen is, staat Mila voor haar neus. Ze heeft een rood hoofd en stottert een eind weg. Juun begrijpt er weinig van.

'Wat is er aan de hand?'

'Je hebt het dus nog niet gehoord?'

'Kom, we moeten naar Frans, ik hoor het wel in de pauze.'

'Wacht even, je weet het dus nog niet van Lucas?'

'Waar heb je het over, Mila?'

'Je neef is degene die de overval op de juwelier gepleegd heeft. Hij zit vast op het politiebureau.'

Juun blijft stokstijf staan. Dan slaat ze haar kluisje met een klap dicht en zegt: 'Dat kan niet! Wat een rotzak is die Tommy: hij heeft Lucas er ingeluisd. Mijn neef is geen crimineel.'

'Maar Tommy heeft hem toch gewoon herkend, waarom zou hij daar over liegen?'

'Ja, weet ik veel. Maar ik weet één ding zeker: Lucas kan het natuurlijk niet gedaan hebben!'

Mila hoort hoe klasgenoten smiespelend langslopen.

'Iedereen op school weet ervan.'

'Nou, dan ga ik er voor zorgen dat iedereen weet dat Lucas onschuldig is! Hoe, dat weet ik nog niet, maar ik kom wel ergens op.'

'Misschien kan je moeder helpen, die is toch advocaat? Mila denkt iets slims gezegd te hebben, maar Juuns gezicht betrekt meteen.

'Dat lijkt me sterk; mama en tante Lisette praten bijna nooit met elkaar. Ze hebben ruzie.'

'Huh, maar jij en Lucas zijn toch echte buddies?'

'Klopt, maar dat weet mama ook niet. Nóg een reden om Lucas van de valse beschuldiging af te helpen, anders wil mama helemaal niks meer met tante Lisette te maken hebben.'

Mila leunt met haar schouders tegen de kluisjes. Pff, wat ingewikkeld. Maar Juun heeft alweer een idee. 'Ik ga ermee aan de slag voor De Jonge Onderzoekers.' 'Je bedoelt dat clubje waar jij als enige lid van bent?' vraagt Mila. Juun hoort het niet en begint te schrijven op het papier dat aan de binnenkant van haar kluisje hangt. Met een paar pijlen maakt ze een schema. Mila kan Juun soms echt niet volgen en probeert haar mee te krijgen naar Frans. Maar Juun heeft andere plannen: 'Ik ga deze zaak tot op de bodem uitzoeken en zorgen dat niemand Lucas meer verdenkt.'

Harde feiten

Een ***verdachte*** is iemand van wie de politie aanwijzingen heeft dat hij of zij een misdaad gepleegd heeft. Iemand is verdacht totdat hij wordt vrijgesproken of veroordeeld in de rechtszaal.

Hoofdstuk 3

Alibi

Juun riep wel zo stoer dat ze Lucas ging helpen, maar verder dan haar eigen schema is ze nog niet gekomen. Met hangende schouders loopt ze met Broccoli langs de vijver, het standbeeld en barbecueënde parkgangers als de riem ineens strak komt te staan. Een hond die weigert, ook dat nog. Maar Broccoli springt op en neer en kijkt Juun met vrolijke ogen aan. ‘Oh, je hebt ook helemaal gelijk, Broc,’ zegt Juun, terwijl ze zijn riem losmaakt. De stok vliegt door de lucht en ze rennen er samen achteraan. Broccoli snuffelt rond onder een boom, maar de stok lijkt verdwenen. Plotseling valt deze uit de lucht op zijn kop. Broccoli begint te kermen en Juun kijkt omhoog. Daar zit de Boomjongen. Zo noemen ze de jongen die soms zomaar opduikt in de takken van bomen in de stad. Hij draagt altijd groene kleren. Juun en Mila hebben hem nog nooit in of uit een boom zien klimmen, maar zien hem wel vaak

zitten. Ze vragen zich altijd af of hij ook in de bomen slaapt. Mila heeft hem weleens een van haar zelfgemaakte koekjes aangeboden, maar hij trok een vies gezicht en verdween tussen de bladeren. Sindsdien noemt ze hem de groene viezerik. Juun probeert weleens een gesprekje met hem aan te knopen, maar hij reageert niet als je hem iets vraagt. Hij praat alleen als hij denkt iets belangrijks mee te moeten delen. Zoals nu:

'Niets is wat het lijkt, ken je die uitspraak? Dat kan van de Griekse dichter Ovidius zijn, maar is ook de titel van een boek van Aidan Chambers.'

'En ja hoor, precies als je het niet verwacht, kom je weer met informatie waar niemand op zit te wachten. Ongelofelijk hoe je het iedere keer weer voor elkaar krijgt,' mompelt Juun en gooit de stok snel een andere kant op.

Op een bankje verderop trekt ze het boek Rechtspraak voor dummies uit haar tas. Papa heeft het ooit gekocht om iets beter te snappen wat mama eigenlijk de hele dag doet. Juun begint bij bladzijde 18; zo ver is papa gekomen, te zien aan het omgevouwen hoekje. Ze leest over rechters, politie en officieren van justitie, maar begrijpt weinig van al deze termen. Totdat ze bij pagina 29 komt en gegrepen wordt door het spannendste woord dat ze ooit zag: alibi. Ze zegt het eerst zachtjes voor zich uit en dan weer keihard. Klinkt lekker.

Ze pakt haar aantekeningenboek maar begint niet, zoals gewoonlijk, direct te schrijven; ze slaat aan het tekenen. Ze schetst de overval op juwelier Goudgenoeg, van welke kant de daders kwamen en hoe de politie kwam aanscheuren. 'Lucas moet een alibi hebben,' denkt ze, 'dan is hij niet meer verdacht.' Ze schrijft het woord alibi op in grote letters en tekent er pijlen omheen. Een zonnetje maakt de tekening af. Dan heeft ze ineens een helder idee. Ze staat zo snel op dat al haar pennen van het bankje af vallen. Vlug propt ze alles in haar tas en brengt Broccoli terug naar opa. Ze moet zo snel mogelijk naar Lucas. In afwachting van zijn proces is hij voorlopig vrijgelaten.

Van buiten hoort Juun het gedrum al. Ze is al zo vaak door de zijdeur de schuur binnengelopen dat ze precies weet hoe Lucas met zijn benen wijd op de kruk achter zijn drumstel zit. Op de voorkant staat de bandnaam Milti Kilti. De deur trilt met de drumstokjes van Lucas mee. Lucas heeft haar niet eens binnen horen komen, dus Juun gaat even achter de piano zitten. Ze heeft hem al vaak uit frustratie hard zien rammen op zijn drums, maar nu lijkt het echt of hij ze kapot wil maken. Juun snapt dat wel, hij wordt door de politie als verdachte gezien van de overval en dat is natuurlijk onterecht. Pas als hij een harde slag geeft op het bekken, kijkt hij op en ziet Juun zitten met een grote glimlach. 'Hee nichie, wassup?' Hij moet direct om haar lachen zoals ze op de pianokruk zit te wiebelen. 'Wat ben je toch een blij ei.'

'Ik heb de oplossing gevonden!'

'De oplossing voor wat?'

'Je was toch naar Spanje met de band? Daar heb je toch wel een vakantiefoto gemaakt?'

'Oh, eh, ja. Ik kan je nog niet volgen.'

'Dan kunnen we daarmee aantonen dat je de overval niet gepleegd kan hebben: je alibi!' Lucas slikt even en blijft stil, terwijl Juun doorratelt.
'We plaatsen die foto op de website van Milti Kilti en zo kan iedereen zien dat jij nooit de dader kunt zijn. Handig toch?'

Lucas draait ongemakkelijk op zijn stoel, maar Juun ziet het niet. Ze zwaait wild met haar armen.

'Ben je niet ongelofelijk blij met je slimme nichtje?'

'Ik denk het. Maar is dat wel een goed idee? Dat is toch eigenlijk vervalsing?'

Juun negeert zijn aarzelingen en pakt haar laptop erbij. Ze logt direct in op de site die ze bijhoudt voor de band van haar neef.

'Als jij me even een foto whatsappt, dan zet ik die direct online met de datum van de overval. Dat kun je gebruiken in je rechtszaak volgende week. Zo kan er geen enkele twijfel bestaan over je onschuld. Bij de politie niet, bij alle mensen van school niet en zeker bij die stomme Tommy niet.'

Harde feiten

Een ***alibi*** is een bewijs dat je ergens anders was tijdens het misdrijf. Zo kun je laten zien dat jij die misdaad niet gepleegd kunt hebben; je kunt tenslotte niet op twee plekken tegelijk zijn.

Hoofdstuk 4

Drie Jurken achter een tafel

'Mam, hoe werkt dat eigenlijk, zo'n rechtszaak? Mag iedereen zomaar komen kijken?' Juun komt thuis, terwijl haar moeder zit te werken en tegelijkertijd het journaal kijkt. 'Ja hoor, een rechtszaak is bijna altijd openbaar. Je moet wel boven de zestien zijn, anders moet er iemand met je mee. Ga je met school?' Juun had nog niet zo goed bedacht wat voor smoes ze ging gebruiken, maar dit is een uitstekende. Toch wel handig, zo'n moeder.

'Eh, ja. Maar hoe kom je dan te weten waar je moet zijn en hoe laat?'

'Dat kun je vinden op de website van de rechtbank. Is wel altijd even goed zoeken, die website…'

Maar Juun sprint al naar boven. Snel volgt een whatsappje naar Mila: we gaan naar de rechtbank!!

Opa moest even overgehaald worden, maar nu zit Juun links en Mila rechts van hem in de rechtszaal. Ze kijken uit op een portret van de koning, een lange tafel met meerdere stoelen en daarvoor twee tafeltjes. Juun ziet de gespannen schouders van haar neef en krijgt een brok in haar keel. Achter hem zit haar tante, die een heel verbaasd gezicht opzette toen ze Juun binnen had zien komen.

Plotseling staat iedereen op en komen twee mannen en een vrouw zelfverzekerd naar binnen lopen. 'Ze hebben jurken aan!' merkt Mila verbaasd op. Dan begint de rechtszaak. De meneer die midden achter de tafel gaat zitten is de rechter. Hij geeft het woord aan de mevrouw op links; zij is de officier van justitie en begint te vertellen waarom Lucas verdachte

is. Zo wordt hij genoemd omdat ze denken dat hij de overval gepleegd heeft. Maar dat moet nog wel hier bewezen worden, weet Juun. Ook Tommy komt aan het woord; hij moet vertellen dat hij de overvallers herkend heeft. 'Toen de overvallers binnenkwamen in de winkel hadden ze mutsen op, maar toen ze over de toonbank sprongen schoven die van hun hoofden af. Ik weet nog dat de ene – van achter in de winkel had ik precies goed zicht op de jongens – begon te schelden op de ander dat hij toch bivakmutsen had moeten kopen. Dat was Lucas uit klas 5B. En die andere jongen was uit de schoolband, Milti Kilti. De gitarist, ik weet niet hoe hij heet.'

Dan worden Lucas en Stijn, want zo heet de gitarist, verdedigd. Een mevrouw aan het tafeltje vooraan houdt een lang verhaal: Juun en Mila begrijpen er niet zoveel van, totdat zij begint over een foto. De mevrouw is de advocaat van Lucas en Stijn en laat de foto's zien die Juun online heeft gezet op de website van Milti Kilti. De jongens van de band staan in zwembroek en met biertjes in hun hand, een volgende foto zelfs met hun billen bloot. 'Beschaafd is het misschien niet, maar een strafbaar feit is het zeker niet te noemen,' zegt ze. 'Aan de foto is duidelijk af te lezen dat de heren niet in Nederland waren op moment van het strafbare feit waarvan ze verdacht worden.' Daar kan de officier van justitie weinig tegenin brengen. Toch stelt ze voor om de jongens schuldig te verklaren: 'Ik eis een werkstraf van 180 uur.' Als laatste krijgen Lucas en Stijn nog even het woord, maar die kijken elkaar aan en zakken verder onderuit in hun stoel. Ze reageren met schouderophalen en een benauwd lachje.

Dan staat de rechter ineens op en verdwijnt door een deur. 'Huh?' vraagt Mila. 'Is het nu afgelopen?' 'Nee hoor,' zegt opa die de verbaasde blikken van de meisjes ziet. 'De rechter gaat nu even nadenken over wat hij ervan vindt en komt zo terug met een uitspraak.' Dat duurt niet lang, want na tien minuten is de man in de jurk alweer terug achter zijn bureau.

'Hij gaat nu toch zeggen of Lucas de dader is of niet?' fluistert Mila. 'Ik dacht het wel,' smiest Juun terug.

Uit het monotone gebrom van de rechter kunnen Mila en Juun nog niet echt wijs worden. Hij lijkt alles van die middag te herhalen. Maar dan begint hij ineens duidelijker te praten. 'Wegens gebrekkig bewijs acht ik het strafbaar feit niet bewezen. U wordt vrijgesproken. Beide partijen hebben het recht om in hoger beroep te gaan.' En boem, daar valt de hamer met een klap op het bureau. De rechter staat op en verlaat de zaal. Mila en Juun blijven in verwarring achter. Wat is er nu precies gebeurd? Opa ziet hun verwarde gezichten en legt uit: 'De rechter vond alleen de getuigenverklaring van Tommy niet genoeg tegenover de foto waarop bewezen wordt dat de jongens ergens anders waren op het tijdstip van de overval. Daarom zijn ze niet veroordeeld. Wel kan de tegenpartij nog naar een hogere rechter gaan om te vragen of die er nog eens naar wil kijken.' Juun en Mila knikken.

Harde feiten

De ***officier van justitie*** is de persoon die namens de overheid een beschuldiging uitzoekt. Het is eigenlijk de tegenstander van de advocaat en de rechter is de scheids.

Hoofdstuk 5

Kapot

Een paar dagen later lopen Juun en Mila met een trommel koekjes via hun geheime slingerpaadje in het park richting huis, wanneer ze van achteren gebrom horen. Als het geluid steeds dichterbij komt, kan Mila nog net opzij springen, maar wordt alsnog geschampt door een scooter die voorbij racet. ‘Mijn koekjes,’ roept Mila. ‘Idioten!’ schreeuwt Juun. Mila zit op handen en voeten en probeert zoveel mogelijk speculaasvisjes van de grond te rapen, maar de meesten zitten helemaal onder het zand. Juun rent de scooter achterna, maar kan ze bij lange na niet bijhouden. Ze komt hijgend terug bij Mila, die verslagen op de grond zit tussen haar zelfgemaakte speculaas. ‘Wat een rotjongens,’ zegt Juun boos.

Plots klinkt een stem uit een boom: ‘Scooters mogen niet harder dan 30 kilometer per uur. Sterker nog, ze mogen niet eens door het park rijden. Dit is een voetgangersgebied.’

‘Ah, daar zul je die wijsneus in de boom weer hebben hoor, met zijn ongevraagde commentaar.’

De Boomjongen reageert niet op Juun, hij staart richting het bushokje verderop.

‘Wat hebben wij nou aan deze informatie?’ vraagt Juun zich af.

Dan schiet Mila ineens heel erg in de lach. Hihihaha, ze kan niet meer stoppen. ‘Zo leuk is het toch allemaal niet?’ vraagt Juun. ‘Jawehel,’ en ze wijst naar de vijver. Broccoli zit helemaal onder het kroos en probeert de kant op te krabbelen. Maar hij is kleddernat en glijdt telkens terug het water in. Een stel eenden denkt dat hij onderdeel van de vijver is en waggelt over zijn buik.

Er zit er zelfs een op zijn hoofd. Nu kan ook Juun haar lachen niet meer inhouden. Na een paar minuten giechelen vindt Mila het toch wel zielig worden en gaat Broccoli uit het water helpen. Ze trekt en trekt, maar Broccoli werkt niet echt mee. Ze trekt en trekt en… valt heel langzaam languit achterover. Broccoli klimt – alsof het de normaalste zaak van de wereld is – via het been van Mila de vijver uit.

Juun proest het nu helemaal uit; Mila zit van top tot teen onder de modder. Juun loopt naar de vijver toe om haar overeind te helpen, maar dan komt Broccoli op haar afrennen en heeft ook Juun modderspetters tot in haar nek zitten. Mila en Juun zien er uit als twee varkentjes, die in de modder hebben gespeeld. 'Ik heb buikpijn van het lachen!' giert Juun. 'Ik kan niet meer,' kreunt Mila.

Met soppende schoenen en een druipende Broccoli lopen Juun en Mila het park uit. Daar zien ze de scooter staan, die hen net omver heeft gereden. Juun wil al boos op ze af rennen,

maar Mila trekt aan haar mouw. 'Pas op joh. Ze gooien met bakstenen.' En daar gaat inderdaad een grote steen richting een bushokje. Eerst is er alleen maar een barst te zien, precies op de onderbroek van een dame die lingerie aanprijst. Maar dan volgt de volgende baksteen en is de hele ruit aan diggelen. De poster dwarrelt in slow-motion naar beneden tussen de scherven.

Mila moet Juun tegenhouden die stampvoetend richting de jongens wil lopen.

'Zie je niet wie dat zijn? Stijn van de rechtszaak. En die tweede jongen, dat is Lucas!'

Juuns mond valt open.

'Maar dat kan toch niet, zoiets zou Lucas nooit doen.'

'Jij hebt toch ook gezien dat ze het bushokje expres sloopten?'

Stilte.

'Ja, maar hij is er vast ingeluisd door die vriend. Hij zat toch alleen maar achterop de scooter?'

Juun is steeds zekerder van haar zaak.

'Hij wilde dit natuurlijk ook niet, maar moest meedoen. Zo zit het.'

Mila kijkt Juun met grote ogen van verbazing aan.

'Hij gooide anders echt die steen, dat zag je toch zelf ook!'

Maar Juun luistert al niet meer en loopt naar de jongens toe.

'Kom op Lucas, dit is toch zeker niet jouw idee?' roept ze.

Dan pas ziet Lucas zijn nichtje en deinst terug. Hij springt snel achterop de scooter en geeft Stijn een klapje op de schouder.

'Kom op man, we moeten gaan.'

Als ze wegrijden, draait hij zich nog even om naar Juun en trekt zijn pet dieper over zijn hoofd.

Harde feiten

In Nederland is iemand ***onschuldig tot het tegendeel is bewezen***. Dat betekent dat pas als de rechter heeft uitgesproken dat iemand een misdaad heeft gepleegd, deze echt schuldig is.
Om te voorkomen dat iemand al via sociale media veroordeeld wordt, beschrijven we een verdachte daarom met een letter, in plaats van de volledige achternaam. Zoals bijvoorbeeld Benno L.

Hoofdstuk 6

Twijfel

Mila gaat naar huis en Juun brengt Broccoli terug naar opa. ‘Sapperdeflap, wat is er met jullie gebeurd?’ vraagt opa, als de twee modderfiguren door de voordeur binnen komen. Opa hurkt op de grond, terwijl Broccoli in zijn armen springt. ‘Hier zit maar één ding op: in bad met jullie!’ Maar Broccoli denkt daar heel anders over. Juun en opa rennen achter hem aan naar de woonkamer en terwijl Juun hem onder zijn oksels pakt, heeft opa zijn achterpoten stevig beet. Ze stuntelen zo goed en zo kwaad als het kan met z’n drieën naar boven en zetten de waterstraal op Broccoli. Juun probeert opa te vertellen wat ze die middag heeft meegemaakt.

Net als ze midden in haar verhaal is over de scooterjongens, krijgt ze zo’n plens water over zich heen, dat ze achterover valt. Opa moet lachen, maar spreekt Broccoli streng toe. ‘Kijk nou eens wat je doet. Kon je maar gewoon rustig stil zitten, terwijl ik je vacht was, maar dat is zeker teveel gevraagd?’ Opa knijpt de spons nog eens uit boven Broccoli en

merkt op hoe afwezig Juun is. Hij vraagt of hij haar misschien kan helpen. Juun weet het niet. ‘Soms denk je precies te weten hoe het zit, maar als iemand anders precies het tegenovergestelde beweert, wat moet je daar dan mee?’
Opa zet zijn denkrimpel op en probeert de wijze opa uit te hangen.

‘Wat een vragen voor zo’n klein meisje.’

‘Maar ik meen het echt hoor.’

‘Oké. Dan moet je het ook eens van de andere kant bekijken. Het is goed om je eigen gevoel te vertrouwen, maar soms is niets wat het lijkt.’

Dat vindt Juun moeilijk te volgen.

‘Misschien moet je het uitzoeken met de Jonge Onderzoekers,’ suggereert opa.

Het gezicht van Juun klaart op. ‘Daar dacht ik dus ook al aan!’ Ze geeft opa snel een kus en rent met een handdoek naar beneden.

'En Broccoli dan?' roept opa haar achterna.

Maar Juun schreeuwt al 'dahaaaaaag' door het trapgat en loopt de deur uit. Thuis gooit ze haar jas naast de kapstok en loopt richting de keuken. Terwijl ze een kop zweefthee – zo noemt haar vader standaard iedere thee die geen normale zwarte thee is – maakt, vliegen haar ogen langs de boekenkast van haar moeder. Maar eigenlijk heeft ze het beste boek al in haar tas; met Rechtspraak voor dummies loopt ze naar boven en ploft op haar bed. Rechtspraak blijkt alleen toch wat minder boeiend dan ze dacht en al lezend valt Juun met haar kleren aan in slaap.

Om één uur 's nachts schrikt ze plotseling wakker. Ze ligt met haar hoofd op bladzijde 43. Verward kijkt Juun op haar telefoon en concludeert dat ze beter haar pyjama aan kan trekken om echt te gaan slapen. Maar dan ziet ze ineens op de bladzijde die open ligt het woord 'hoger beroep' staan. Dat is waar de rechter het over had! Juun is meteen klaarwakker en leest dat als de officier van justitie nieuw bewijs heeft, hij de rechtszaak nog eens over mag doen, maar dan bij een hogere rechter. 'Maar wat voor bewijs kunnen ze hebben?' vraagt

Juun zich hardop af. Ze leest over voorbeelden van getuigenverklaringen en extra onderzoek naar bewijs en schrikt ineens. Wat als die slimmere rechter er nou achter komt dat zij het blogbericht later heeft toegevoegd? Is zij dan ook schuldig?

Aan het ontbijt vallen de wallen onder haar ogen wel op. ‘En je ging nog wel zo vroeg naar bed,’ mompelt haar moeder. Juun is helemaal in haar eigen gedachten verzonken en blijft de hele ochtend een beetje stil. Ook op school merkt Mila dat Juun afwezig is, maar Juun wil niks loslaten. In de pauze hoort ze via vriendjes van Tommy dat de officier van justitie inderdaad in hoger beroep gaat tegen Lucas en Stijn…

Harde feiten

Als de officier van justitie of de verdachte het niet eens is met de beslissing van een rechter, kan er in ***hoger beroep*** worden gegaan. Dat betekent dat je naar een hogere rechter gaat, die de zaak nog eens bekijkt. Dat heet dan een gerechtshof, daarvan zijn er vier in Nederland.

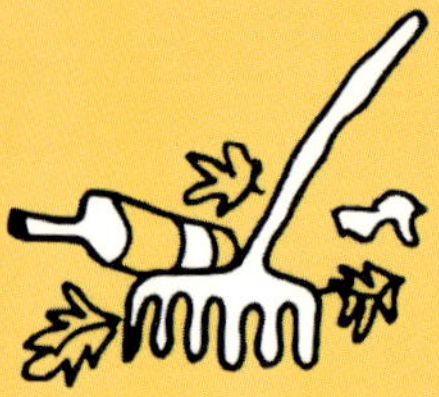

Hoofdstuk 7

Back-up rechter

De dag dat het hoger beroep zal plaatsvinden kijkt Juun afwezig uit het raam tijdens Engels. Haar gedachten dwalen af. 'Hoe zal dat eraan toegaan in het gerechtshof?' Mila stoot haar aan, terwijl er 25 paar ogen op haar gericht zijn. 'Juun, could you please answer the question?' 'Eeehm, well….' hakkelt Juun. 'Wat de verleden tijd is van to clean,' fluistert Mila. 'Clinsed?' zegt Juun met een vragende blik. De juffrouw schudt met haar hoofd. 'Je bent er echt niet bij, hè Juun?' En dat klopt: Juun kan zich maar moeilijk concentreren en probeert de klok naar kwart voor drie te kijken. Als de bel eindelijk gaat, snelt ze naar haar jas en sleept Mila mee het schoolplein over.

'Vanmiddag is dat hoger beroep van mijn neef en Stijn. En wij gaan ernaartoe.'

Mila kijkt haar vragend aan.

'De back-up rechter!'

Juun snapt niet dat Mila zo traag van begrip is en sleept haar mee richting bushalte.

'Kijk, de ouders van Tommy vonden de vrijspraak van Lucas en Stijn niet terecht. Hun advocaat heeft daarom de officier van justitie gevraagd om in hoger beroep te gaan. Die was het ermee eens en nu komt er dus een nieuwe rechtszaak bij een hogere rechter. Daar zijn we nu naar op weg.'

'Maar waarom dan? Je wist toch zo zeker dat Lucas onschuldig was?'
Juun kijkt geïrriteerd. 'En dat moet ook zo blijven.'

Het gebouw aan het water is indrukwekkend. Door de hoge muren alleen al lijkt het gerechtsgebouw statige mensen te bevatten. Juun en Mila zijn even stil als ze door de beveiligingspoortjes naar binnen gaan en hun tassen door de scanner moeten. Eenmaal in de zaal zien ze weer eenzelfde soort opstelling als bij de rechtbank, maar nu zitten er drie rechters achter de tafel. De advocaat staat ook al klaar, maar de officier van justitie herkennen ze niet. 'Dat is hier een andere dan in de rechtbank,' weet opa, die weer is opgetrommeld om mee te gaan, aan de meisjes te vertellen. 'Die heet hier advocaat-generaal.' Juun is verbaasd dat het hele verhaal van de overval opnieuw behandeld wordt. De rechter stelt weer vragen aan Lucas en ook de vader van Tommy komt aan het woord. Het verband om zijn hoofd staat hem gek genoeg best stoer. Dan begint de advocaat-generaal over de foto op de website. 'Nader onderzoek wees uit dat deze foto later op de website geplaatst is.' Juun krijgt een hoofd zo rood als een biet. Mila merkt dat Juun onrustig op haar stoel heen en weer schuift. 'Ik heb het zo warm, kunnen we hier weg?' fluistert Juun. Maar de advocaat-generaal gaat nog even door: 'Daarnaast hebben wij een nieuwe getuige gevonden die een verklaring af komt leggen.'

Mila en Juun geloven hun ogen niet als de Boomjongen binnen komt lopen.

'Ik weet precies wat er de hele dag gebeurt, dus ik kan u dat zeker vertellen,' antwoordt hij zelfverzekerd op de vraag van de advocaat-generaal. 'Het was op vrijdagmiddag om 17 over 3 toen twee jongens op een scooter aan kwamen scheuren. Ze parkeerden midden op de stoep voor de deur van de juwelier, heel onhandig. Precies zeven minuten later kwamen ze weer naar buiten gerend. En zes minuten daarna stond de eerste politiewagen op de stoep. Weer twee minuten later de ambulance.'

De rechter onderbreekt hem als hij verder wil vertellen: 'Het is geweldig dat u zo'n goed geheugen hebt, meneer Prankiedan. Maar herkent u wellicht een van deze verdachten?'

De Boomjongen kijkt enigszins verstoord. Hij was duidelijk nog niet klaar met zijn verhaal. 'Ja natuurlijk, anders was ik hier toch niet? Dan zat ik nu lekker in een boom. Die ene jongen hier links stond toen rechts van de scooter. Hij deed zijn helm af en trok een donkergrijze muts met kleine zwarte streepjes over zijn hoofd. Die puntige wenkbrauwen vielen me op, ze zijn bijna in een hoek van 15 graden. En dat is heel bijzonder, want dat heeft maar 0,02 procent van de mensen.'

De rechter knikt hem toe. 'Dus u weet zeker dat deze jongen dezelfde is als diegene die de overval heeft gepleegd?' 'Dat kan ik natuurlijk niet zeggen, ik heb vanuit mijn boom geen zicht op wat er binnen gebeurt.' 'Aha,' antwoordt de rechter. 'Maar u zag wel hoe deze twee jongens met sporttassen naar buiten sprintten en hard wegreden?' De Boomjongen begint heftig te knikken: 'Nou en of. Ze reden namelijk zo onhandig weg, dat ze mijn boom raakten, ik viel zo een tak naar beneden.'

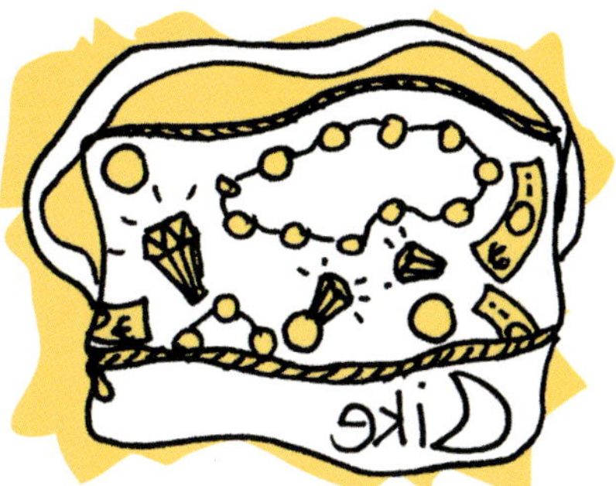

De rechter die in het midden zit, zegt hierna dat deze verklaring samen met de verklaring van Tommy voldoende is. Maar de advocaat-generaal geeft aan dat er nog meer bewijs is. 'We hebben de sporen op de plaats delict weten te traceren tot de scooter van verdachte.'

Mila merkt dat Juun onrustig op haar stoel heen en weer schuift tijdens alle moeilijke woorden als dientengevolge, strafmaat en tenlastelegging. Zou ze nu eindelijk snappen dat haar neef geen heilig boontje is?

De rechters zijn overtuigd van de schuld van de jongens, maar geven ze geen gevangenisstraf. Omdat ze onder de 18 zijn, vallen Lucas en Stijn onder het jeugdstrafrecht en omdat ze nog nooit eerder een misdrijf hebben gepleegd, zijn lichtere straffen logisch. De twee jongens hebben de juwelier wel flink geraakt met hun hamer en daarvoor krijgen ze een taakstraf. Ze moeten 200 uur afval opruimen in het park, soep opdienen in een bejaardentehuis of graffiti verwijderen bij het spoor. Juun slaat haar hand voor haar mond en wil opstaan om te protesteren. Maar dan gaat een van de rechters door en zegt dat het vervalsen van de foto eigenlijk ook een straf verdient 'die we voor deze keer door de vingers zullen zien.'

Harde feiten

Een ***getuige*** kan bewijs leveren in een rechtszaak. Iemand die gezien heeft dat een verdachte op de plek is geweest waar het misdrijf is gepleegd, of nog beter, de misdaad echt gezien heeft, is een getuige. Hij of zij moet in de rechtszaal verschijnen en eerlijk vertellen wat hij of zij gezien of gehoord heeft.

Hoofdstuk 8

Schuld?

Als haar moeder thuiskomt, loopt Juun door de kamer te ijsberen om haar gedachten te ordenen. 'Wat ben jij onrustig,' merkt haar moeder op, terwijl ze doorloopt naar de keuken. Juun volgt haar richting de ijskast. 'Oeh, je laat me schrikken! Je staat ineens achter me. Wil je dat nooit meer doen?!'

'Mam, jij weet toch wel iets van recht?'

'Natuurlijk schat, ik ben advocaat.'

'Hoe weet je nou echt zeker of iemand schuldig is of niet?'

'Ach kind toch, waar ben je nu weer mee bezig? Is dit nog steeds voor school?'

'Nee, het is echt. Kun je me helpen?'

'Heel graag lieffie, maar kan dat vanavond? Ik moet nu een zaak voorbereiden.'

'En stel dat iemand nou onschuldig is, maar de rechter gelooft dat niet, wat dan?' probeert Juun.

'Daar hebben wij een uitstekend rechtssysteem voor, schat.

En soms gaat daar weleens iets fout. Een zaak kan heropend worden of een van de partijen gaat in cassatie.'

Met deze flarden kan Juun weinig. Teleurgesteld stommelt ze naar boven en pakt haar Rechtspraak voor dummies er maar weer eens bij. Ze bladert moedeloos door het boek en gooit het uiteindelijk wanhopig in een hoek.

Na een uurtje spelletjes spelen op haar telefoon ziet ze ineens op welke bladzij het boek open is gevallen. Hoofdstuk 9: De Hoge Raad. Juun begint te lezen en kan na een bladzijde niet meer ophouden. Pas als het hoofdstuk uit is, kan ze weer normaal ademhalen. Ze stormt naar beneden en doet al rennend haar jas aan. Het 'waar ga je naar toe' van haar moeder hoort ze al niet meer.

'Lucas! Lucas!' roept ze als ze bij haar neef is aangekomen. Door het hijgen kan Juun niet veel meer uitbrengen 'Ik weet wat we moeten doen, ik heb de oplossing!' gilt ze als ze een beetje op adem is gekomen. 'Wat maak je een drukte, nichie. Ik zit hier lekker te chillen.' Lucas ligt op de leren bank met gaten in de leuningen, tussen twee asbakken en lege flesjes Heineken in. De afstandsbediening heeft hij in zijn hand, maar Juun kan zich niet voorstellen dat hij echt aan het kijken is naar de gymmende bejaarden op tv.

Zo goed als ze kan, probeert Juun rustig uit te leggen waar ze achter is gekomen. Je kunt een zaak nog een keer opnieuw laten bekijken door de allerhoogste rechters met de indrukwekkende naam de Hoge Raad der Nederlanden. Als Lucas een getuige kan vinden die zijn alibi bevestigt, kunnen ze bewijzen dat hij de overval nooit gepleegd kan hebben.

'En je was toch met allemaal vrienden? Of we bellen de eigenaar van het huisjespark waar jullie op vakantie waren. Desnoods een scooterverhuurder of een strandwacht. Er zijn toch genoeg mensen die je daar gezien hebben?'

Juun snapt niet dat Lucas haar zo glazig aan zit te kijken, hij zou een gat in de lucht moeten springen, haar om de hals moeten vliegen van dankbaarheid, iets. Maar nee, hij blijft gewoon op de bank voor zich uit zitten staren.

'Heb je niks te zeggen?'

'Eeehm.'

'Waarom ben je nou niet blij?'

Lucas kijkt naar zijn schoenen en zijn schouders hangen ergens op zijn middel. Hij hakkelt wat door in eeeehms en kweetniets tot het hoge woord er uit komt.

'We gaan geen getuigen vinden, omdat ik toen niet op vakantie was. Ik was vrijdag al terug in Nederland.'

Juun is even stil.

'Maar dat maakt het nog veel makkelijker. Dan heeft iemand je hier toch gewoon gezien?'

Nu is het Lucas' beurt om weer stil te zijn. Na een lange zucht zegt hij uiteindelijk:

'Ja. De Boomjongen.'

Het duurt even voor het tot Juun doordringt.

Heel zachtjes zegt Lucas: 'Ik wilde zo graag een scooter.'

Boomjongen heeft commentaar...

'Juun had even wat verder door moeten lezen in dat boek van haar, want wat Juun wil, kan helemaal niet. Bij de ***Hoge Raad*** kun je nooit met nieuwe feiten of getuigen aankomen. Daar wordt alleen gekeken of er in de rechtszaak zelf misschien fouten zijn gemaakt. Als het niet klopt volgens de Hoge Raad, gaat de zaak terug naar een gerechtshof. Een andere dan de eerste keer natuurlijk.'

Hoofdstuk 9

Sorry

Juun schopt tegen een plant in de tuin van de buren, gewoon omdat ze het niet meer weet. Ze schrikt als het dievenlicht aan gaat en rent richting haar eigen voordeur. Binnen in de huiskamer wil ze graag vertellen wat er gebeurd is, maar ze weet niet zo goed hoe.

'Mam, die film heb je al tachtig keer gezien.'

'Heerlijk toch?'

Juun gaat op het schapenvachtje op de bank zitten en wurmt haar voeten onder haar moeders benen. Ze leunt met haar hoofd achterover en staart naar de slakvormige vlek op het plafond. Haar gedachten buitelen in haar hoofd over elkaar heen, als een bolletje wol waar Broccoli iets te enthousiast mee gespeeld heeft. Ze kijkt pas op als haar moeder in snikken uitbarst voor de tv. Op het scherm ligt een man in een ziekenhuisbed met treurende familie om hem heen. Juun voelt getril onder haar billen en vist de telefoon van haar moeder tussen de twee kussens van de bank vandaan.

'Mam, het is voor jou. Tante Lisette.' Haar moeder kijkt nog met een half oog naar de tv als ze de telefoon opneemt. Dan pas heeft ze door wie er eigenlijk belt. 'Wat heeft hij gedaan?' roept haar moeder. Juun voelt nattigheid. Dit gaat vast

over Lucas. Ze voelt de warmte naar haar wangen stijgen en schuift ongemakkelijk van haar ene bil op haar andere. Haar moeders gezicht is een groot vraagteken en tante Lisette blijft maar doorratelen. Als ze heeft opgehangen en boos door de kamer ijsbeert, kijkt haar moeder Juun streng aan: 'Wist jij hiervan?' Juuns mond gaat wel open en dicht, maar ze kan opeens geen kloppende zinnen meer maken.

Haar moeder pakt haar mobiel en toetst al het nummer van een collega in, totdat ze zich realiseert: 'Wacht eens even, als ik het verhaal van Lisette goed begrijp, wilde jij Lucas van een alibi voorzien en heb je onrechtmatig een foto geplaatst? Mijn bloedeigen dochter vervalst gewoon bewijs, dat is toch niet te geloven?' Ze weet dat haar moeder echt pissig is als de ader in haar nek rood opzwelt en ze ineens zo duidelijk articulerend gaat praten. Juun zoekt naar woorden die kunnen verklaren wat ze heeft gedaan, maar kan ze niet vinden in haar op hol geslagen hersenen. Ze weet niet waar ze moet kijken. 'Dus als ik het goed begrijp, heb jij je neef een alibi bezorgd terwijl er gewoon een getuige was, die alles glashelder kon verklaren. Een klasgenootje van je bovendien?'

'Natuurlijk geloofde ik Tommy niet, mam. Ik kon toch niet bedenken dat Lucas met zijn stomme kop zo nodig een scooter wilde hebben en daarom met hamers ging lopen zwaaien?'

'Ik weet gewoon niet waar ik moet beginnen met kwaad zijn. Ga jij de komende weken maar eens op je kamer zitten bedenken hoe je op dit ongelofelijk idiote idee bent gekomen.'

Juun sloft al richting de trap, als haar moeder van gedachten verandert.

'Nee, wacht. Je gaat eerst je excuses aanbieden aan die jongen. Zijn familie heeft al in ernstige stress gezeten vanwege de overval en jij hebt die strafzaak nog eens lekker zitten tegenwerken. Ik kan er gewoon niet over uit.'

Haar moeder duwt Juun de deur uit.

'Die winkel zit hier om de hoek toch? Ik wil je niet terugzien voor je de hele familie een handje hebt gegeven en sorry hebt gezegd.'

Juun sjokt richting de juwelier. Ze doet nu al een half uur over een afstand van twee blokken. Als ze dichterbij komt, hoort ze vrolijke muziek, die haar humeur niet echt beter maakt. Zeggen dat de familie niet thuis was, wordt nu lastig. Wat als ik aan mama vertel dat ze me niet wilden spreken? denkt Juun. Of dat ik onderweg ben aangereden door een auto? Maar dat gelooft Juun zelf al niet, laat staan haar moeder. Dus sleept ze zichzelf richting huisnummer 12 en gaat met alle moed die ze in zich heeft het tuinpad op richting voordeur. Zodra ze in de deuropening staat, spreekt een oudere dame haar aan.

'Ben jij vrienden met Tommy? Hij is denk ik binnen, we hebben wat te vieren. En iedereen is uitgenodigd. *Nyan foe a heer famirie*. Zo gaat dat op zijn Surinaams.'

'Nou, ik niet denk ik,' fluistert Juun. Maar de vrouw hoort het niet en duwt haar al naar binnen.

Daar botst ze meteen tegen Tommy op.

'Tja, dat gaat altijd zo met mijn familie,' zegt hij. 'Zodra er een feestje is, staat iedereen binnen de kortste keren op de stoep.' Tommy en Juun staan zwijgend tegenover elkaar. Tommy doet zijn mond open om iets te zeggen, maar verandert dan toch van gedachten.

Dan slaat de vader van Tommy met zijn krukken tegen de tafel om de aandacht van iedereen te krijgen. 'Lieve familie en vrienden. We vieren graag samen met jullie dat deze nachtmerrie nu over is. Onze winkel is weer open, de daders zijn gestraft en we kunnen allemaal weer door met ons leven. Dat is reden voor feest!'

Iedereen begint hard te klappen.
Juun kijkt met grote ogen in het rond. Dan bewegen haar vingers als vanzelf naar haar mond en fluit ze een harde toon. Iedereen kijkt naar haar.

'Sorry. Echt sorry.'

Een pauze.

'Ik ben dus Juun. De nicht van Lucas, een van die overvallers met hun hamers.'

De mensen in de huiskamer kijken vol ongeloof naar haar.

'Ik dacht al die tijd dat mijn neef nooit de dader kon zijn omdat het, nouja, mijn neef is. Daarom geloofde ik het verhaal van Tommy niet. Toen heb ik ook nog een alibi voor mijn neef verzonnen, terwijl hij gewoon schuldig bleek te zijn. Dus nu moet ik van mijn moeder mijn excuses aan jullie maken,' zegt Juun met een bibberend stemmetje.

En ze voegt er nog aan toe: 'en dat wil ik ook eigenlijk wel. Die excuses maken dus. Ik schaam me zo.'

Stilte.

Juun kijkt langs de tantes en ziet een deur richting de tuin open staan. Ze bedenkt dat ze via de tuin naar de buren zou kunnen racen. Via die tuin is er een paadje, dat weer naar de straat loopt, de straat naar haar huis.

Maar dan fluistert Tommy in haar oor. 'Ik snap wel dat je je neef wilde verdedigen. Dat zou ik ook doen als het mijn familie was.' Tommy staat zo dichtbij dat zijn stem kriebelt in haar oor. Juuns schouders zakken een centimeter naar beneden en haar kaken ontspannen een klein beetje.

'Dus je neemt het me niet kwalijk?' Juuns ongeloof is van haar gezicht te lezen.

Tommy haalt zijn schouders op: 'Iedereen kan toch weleens een foutje maken.'

En dan begint de tante, die haar eerder naar binnen duwde, te klappen. 'Wat een dapper meisje. Dat komt hier binnen om in alle eerlijkheid sorry te zeggen. Dat is nog eens lef hebben!'

Ook de vader van Tommy glimlacht en geeft haar een goedkeurend knikje. Een zucht van verlichting gaat door de kamer, de grootste zucht is nog van Tommy. 'Zie je nou wel?' zegt hij terwijl hij een arm om haar heen slaat. En als Juun even later naar huis loopt, voelt ze nog de warmte waar zijn arm op haar schouders lag.

Harde feiten

Rechters zijn ook mensen en maken dus weleens ***fouten***. Bij rechtszaken is dat natuurlijk extra pijnlijk, want dan belandt er niet zomaar een koffie bij een verkeerde klant, maar iemand in de gevangenis, die later onschuldig blijkt te zijn. Door het systeem van drie soorten rechters proberen we dat in Nederland zo veel mogelijk te voorkomen.

Extra woordenlijst van Boomjongen

'Er is natuurlijk veel meer kennis te vergaren over de rechtspraak. Hier zijn een paar begrippen die je misschien wel eens in de krant gezien hebt of op het nieuws gehoord.'

★ ***Juristen*** Dat zijn mensen die rechten gestudeerd hebben. Dus alle advocaten, officieren van justitie en rechters.

★ ***In cassatie*** Van rechtbank naar gerechtshof ga je in hoger beroep, maar van hof naar Hoge Raad ga je in cassatie. Eigenlijk dus hetzelfde maar de juristen hebben er graag een ander woord voor.

★ ***TBS-kliniek*** Dat is de plek waar iemand naartoe gaat die een misdaad gepleegd heeft en behandeld moet worden voor een psychiatrische ziekte. Zo iemand is dan ***ontoerekeningsvatbaar*** verklaard.

★ ***Huisarrest*** Soms kan iemand vrijkomen onder voorwaarde dat diegene wel in en om zijn eigen huis blijft. Een elektronische enkelband houdt in de gaten of dat ook echt gebeurt. Net iets strenger dan wanneer je van je ouders huisarrest krijgt dus.

★ ***Eed/belofte*** Een getuige of een verdachte moet bij een rechtszaak verklaren de waarheid te zullen spreken. Dat kun je zweren op een God (als je daar in gelooft), dan leg je de eed af en eindig je met "zo waarlijk helpe mij God almachtig". Je kunt ook "dat beloof ik" of "dat verklaar ik" zeggen, dan doe je de belofte.

'Kijk eens op www.meteenklapvandehamer.nl waar ik nog meer juridische zaken uitleg.'

Een strafzaak in het kort

Candy Crush
POLITIE
LUCAS
Politie
Alibi